Elefantis Liederwiese

Die schönsten Kinderlieder von Detlev Jöcker

Musik Detlev Jöcker
Liedertexte Lore Kleikamp, Rolf Krenzer
Spiel- und Textbeiträge Birgit Lehmkühler
Umschlaggestaltung Lydia Stawicki-Zinowsky
Illustrationen Ines Rarisch

Menschenkinder

Die 12 Lieder dieses Buches gibt es auch auf der
CD / MusiCassette „Elefantis Liederwiese",
erhältlich im Buch- und Fachhandel oder beim
Menschenkinder Verlag,
An der Kleimannbrücke 97, 48157 Münster.

1. Auflage 1994
Neue, überarbeitete Ausgabe
Menschenkinder Verlag, 48157 Münster

Druck: E. Holterdorf, 59302 Oelde
Satz und Layout: Thomas Nufer
Printed in Germany 1994
ISBN 3-89516-019-2

Inhalt

Heut ist ein Tag, an dem ich singen kann

Text: Lore Kleikamp / Musik: Detlev Jöcker

2. lachen
3. klatschen
4. rennen
5. schnarchen
6. flöten

• Kreisspiel zum Lied

Der folgende Text läßt sich auch zur Melodie von „Heut ist ein Tag, an dem ich singen kann" singen und spielen. Wir bilden einen Kreis. Eine(r) geht in die Mitte und macht die Bewegungen nach. Zur nächsten Strophe tippt derjenige im Kreis ein anderes Kind an, das dann in den Kreis kommt.

1. Laßt uns einmal sehn, ob Peter
hüpfen kann.
Laßt uns einmal sehn, ob Peter
hüpfen kann.
Seht doch einmal her, wie gut er
hüpfen kann.
Seht doch einmal her, wie gut er
hüpfen kann.

2. Laßt uns einmal sehn, ob Gaby
watscheln kann.
Laßt uns einmal sehn, ob Gaby
watscheln kann.
Seht doch einmal her, wie gut sie
watscheln kann.
Seht doch einmal her, wie gut sie
watscheln kann.

3. Laßt uns einmal sehn, ob Thomas
tanzen kann.
Laßt uns einmal sehn, ob Thomas
tanzen kann.
Seht doch einmal her, wie gut er
tanzen kann.
Seht doch einmal her, wie gut er
tanzen kann.

Wir können noch beliebig viele neue Liedstrophen mit anderen Bewegungen und Namen der Kinder hinzunehmen.

• Bastelspiel
„Fröhliche Flaggen"

Wir basteln kleine Flaggen, die wir anschließend zur Musik fröhlich hin und her bewegen.

Dazu brauchen wir:
- Stoffreste
- Klebstoff
- Holzstäbe (oder Bambusstöcke)
- Textilfarbe / Plakafarbe
- Heftzwecken

Aus den größeren Stoffresten schneiden wir längliche Rechtecke, die den Grund für die Fahnen bilden. Nun können wir aus kleineren Stoffresten Streifen, Sterne und andere Formen ausschneiden, die wir auf den Grund aufkleben. Mit Farbe läßt sich der Stoff noch zusätzlich bemalen.
Sind die eigenen Entwürfe fertig, befestigen wir die Fahnen mit den Heftzwecken an dem Holzstab oder dem Bambusrohr.

• Bewegungsspiel
„Tanzende Luftballons"

Einen Luftballon füllen wir mit bunten Papierschnipseln oder kleinen Kügelchen (z.B. Erbsen) und blasen ihn dann auf.
Wir stehen nun im Kreis und werfen uns den Ballon zu. Dabei wirbeln die kleinen Papierschnipsel im Ballon durcheinander, und durch die Kügelchen hört man interessante Geräusche. Der Ballon darf dabei nicht den Boden berühren.

• Bastelspiel
„Vater sagt"

Bei diesem Spiel können wir uns bewegen und müssen gleichzeitig darauf achten, daß wir genau auf die Anweisungen des Spielleiters hören.
Wir stehen im Kreis.
Jedes Mal, wenn der Spielleiter sagt: „Vater sagt: (z.B.) Hüpf!", folgen wir diesem Befehl.
Gibt er jedoch nur die Anweisung: „Hüpf!" o.ä. ohne den Zusatz, dürfen wir diese Bewegung nicht nachmachen und bleiben regungslos stehen.

• Bastelspiel
„Fröhliche Musikinstrumente"

Mit selbstgebauten Musikinstrumenten macht das Singen noch mal so viel Spaß. Auch einfache Dinge aus dem Haushalt können wir dazu verwenden.

Tamburin

Wir brauchen:
- Kronkorken
- kleine Flaschenverschlüsse
- Glöckchen
- Bindfaden
- runde Pappscheibe
- Schere
- Milchdosenöffner

Wir schneiden eine runde Pappscheibe aus und versehen den Rand mit kleinen Löchern. Gut geht dies mit einer stumpfen, etwas dickeren Stricknadel.
Ein Erwachsener hilft bestimmt, wenn mit dem Dosenöffner kleine Löcher in die Kronkorken gestanzt werden.Mit dem dem Bindfaden wickeln wir nun die Kronkorken und die kleinen Glöckchen locker um die Pappscheibe.

Sambarasseln

Wir brauchen:
- leere Joghurtbecher
- farbiges Klebeband
- Reis, Kieselsteine oder Kerne

Die leeren Joghurtbecher umwickeln wir mit dem farbigen Klebeband. Bevor die beiden Öffnungen der Joghurtbecher zusammengeklebt werden, füllen wir noch die Kieselsteine, Reis oder Kerne hinein.

Nun kann unsere kleine Hausmusik beginnen.
Nach der Melodie von **„Kuckuck, Kukkuck, ruft's aus dem Wald"** singen wir und begleiten uns auf den Instrumenten.

2. Bumbum, bumbum, tönt es ganz laut.
Trommelgewirbel schwirrt durch die Lüfte.
Bumbum, bumbum, tönt es ganz laut.

3. Kling klang, kling klang, hört ihr den Ton.
Glöckchen erklingen bei uns im Kreise.
Kling klang, kling klang, hört ihr den Ton.

• Rätsel von Dingen, mit denen wir spielen können

Ein jedes Kind braucht ihn zum
Spielen,
man kann ihn mit den Händen fühlen.
Springt er auch hoch ein ganzes Stück,
kommt er zur Erde doch zurück.

(Der Ball)

Wer kann es erraten, was ich meine?
Ganz kugelrund hängt er an der Leine.
Laßt ihn los, so fliegt er fort,
hoch in die Luft, von Ort zu Ort.
Doch drückt ihr drauf, auf jeden Fall
zerplatzt er dann mit lautem Knall.

(Der Luftballon)

Lustig und bunt, spitz und auch rund,
dreht sich im Kreise, summt auch ganz
leise; hüpft auch mal fort!
Sag mir das Wort!

(Der Brummkreisel)

Viele Teile in der Kiste,
wenn ich wüßte, wenn ich wüßte!
Mit den Teilen baut das Kind
viele Dinge ganz geschwind.
Manche sind aus Holz, aus Stein.
Rate mal, was mag das sein?

(Die Bauklötze)

Weil du heut Geburtstag hast

Text: Rolf Krenzer / Musik: Detlev Jöcker

2. Weil du heut Geburtstag hast,
ist bei uns was los.
Und weil wir bei dir zu Gast,
ist die Freude groß.
Von dem Kuchen essen wir
ein riesengroßes Stück
und wünschen dir,
und wünschen dir
von ganzem Herzen Glück!

Refrain: Hei, hei, hei!...

3. Weil du heut Geburtstag hast,
ist bei uns was los.
Und weil wir bei dir zu Gast,
ist die Freude groß.
Hell brennt das Geburtstagslicht.
Es leuchtet hell und klar.
Wir wünschen dir,
wir wünschen dir
ein gutes neues Jahr!

Refrain: Hei, hei, hei!...

• Musikspiel zum Lied

Bei diesem Geburtstagslied kann auch eine Musikgruppe auftreten.
Alle, die SCHLAGZEUG spielen, treten mit dem Fuß auf, klatschen gleichzeitig in die Hände und rufen laut dazu: „Umm", danach „Tschaka".
Alle PIANISTEN spielen pantomimisch Klavier und rufen dazu: „Klimper, klimper, klimper, klimper".
Alle, die SAXOPHON spielen, erfinden Melodien und bewegen sich dazu wild hin und her.

Bewegungen zum Refrain:

Hei, hei, hei!
- Alle klatschen dreimal in die Hände.
Hoch lebe das Geburtstagskind!
- Alle werfen die Arme nach oben.
Hei, hei, hei!
- Alle klatschen dreimal in die Hände.
Weil wir gern bei dir sind!
- Alle zeigen auf das Geburtstagskind.

• Rätsel

An dem Tag,
den jeder jedes Jahr nur einmal hat,
findet eine kleine Feier statt.

(Der Geburtstag)

• Glückwünsche zum Geburtstag

Wir freuen uns, daß du geboren bist
und hast Geburtstag heut.
Man hat dich lieb und schenkt dir viel
zum Essen und zum frohen Spiel.
Wir freuen uns, daß du geboren bist
und hast Geburtstag heut.

• Noch ein Rätsel

Ich wünsche mir, ich wünsche mir
ein riesengroßes ...,
mit dem fahr' ich nach Afrika
und komme nicht zurück.

(Schiff)

Ein blaues ...
mit bunten Fähnchen dran,
mit dem man klingeln
und schnell rasen kann.

(Fahrrad)

Aus Plüsch einen ...
zum Kuscheln im Bett,
das wäre auch noch furchtbar nett.

(Teddy)

Jeden Tag nur Zitronen- und Erdbeer...,
egal, ob es kalt ist oder heiß.

(Eis)

• Bewegungsspiel
„Das Geburtstagsfeuerwerk"

Bei einer Geburtstagsfeier mit vielen Kindern macht dieses Spiel viel Spaß.
Wir stehen im Kreis und der Reihe nach erzählt jeder eine lustige Geschichte.
Sobald die Farbe Rot erwähnt wird, springen alle im Kreis ganz schnell hoch in die Luft wie Feuerwerkskörper.
Wer nicht rechtzeitig „startet", muß ein Pfand entrichten.

• Bewegungsspiel
„Bonbonjagd"

Auf einem Kindergeburtstag dürfen kleine Leckereien nicht fehlen.
Der Spielleiter packt Bonbons in ein kleines Papiertütchen, und zwar genauso viele wie Kinder anwesend sind, und verschließt dann die Tüte. Ein drei Meter langes Band wird daran festgeknotet.
Der Spielleiter läuft nun in Zick-Zack-Schritten draußen durch den Garten und bewegt die Tüte an dem Band hinter sich her. Wir müssen nun versuchen, diese Tüte zu erhaschen.
Derjenige, dem dies gelingt, darf die Tüte öffnen und die Bonbons an die anderen Kinder verteilen.

• Suchspiel
„Bunte Geburtstagsballons"

Dieses Suchspiel kann man bereits mit kleinen Kindern spielen.
Der Erwachsene bläst vor dem Fest jeweils gleich viele rote, blaue, gelbe, grüne und orangefarbene Luftballons auf und versteckt sie im Garten.
Gleichzeitig bemalt er kleine Pappkärtchen mit den entsprechenden Farben.
Im Verlauf der Geburtstagsfeier kann nun das Suchspiel starten:
Jedes Kind bzw. jedes Paar bekommt das farbige Pappkärtchen und muß alle Ballons in derselben Farbe suchen. Wer zuerst alle Ballons gefunden hat, gewinnt natürlich das Spiel.

• Bewegungsspiel

„Geburtstagsglückwünsche"

Sind alle Geburtstagsgäste eingetroffen, müssen wir das Geburtstagskind erst einmal richtig hochleben lassen.
Dazu summen alle einen tiefen Ton, klatschen in die Hände, gehen in die Knie, bewegen die Hände auf und ab, um dann wie eine Rakete aus der Hocke in die Höhe zu springen und dabei mit lautem Geheul das Geburtstagskind zu feiern.

• Geburtstagslied

nach der Melodie von „Alle meine Entchen"

2. Viele schöne Sachen,
schenken wir dir heut',
schenken wir dir heut',
zu deinem Geburtstag,
weil uns das so freut.

• Geschenkvorschlag

„Torte aus Kerzen"

Wir brauchen:

- zwölf weiße Kerzen
- rote Kerzen entsprechend der Jahreszahl
- runde Tortenspitze
- farbiges Band
- Bindfaden

Die Kerzen ordnen wir so an, daß in der Mitte die farbigen Kerzen stehen.
Alle Kerzen binden wir dann mit dem Bindfaden zusammen, stellen sie in die Mitte der Tortenspitze und nehmen deren Seiten hoch. Zum Schluß umwickeln wir alles mit dem Geschenkband. So haben wir ein dekoratives Mitbringsel für einen Kindergeburtstag.

• Tanzlied

nach der Melodie von „Laurentia, liebe Laurentia mein“

Zum Geburtstag bringen wir dem Geburtstagskind mit einer Neufassung des bekannten Kinderliedes ein Ständchen, bei dem wir gleichzeitig allen Geburtstagskindern im Kreis gratulieren wollen. Dazu stellen wir uns im Kreis auf und fragen der Reihe nach alle Kinder nach ihrem Geburtstagsmonat.

Hinweis zum Spielverlauf:

Die Namen des Kindes ändern wir entsprechend, ebenso den Namen des Geburtsmonats.
Bei diesem Tanzspiel fassen wir uns an die Hände und gehen seitwärts im Kreis herum.
Bei der Nennung der Namen und der Geburtstagsmonate gehen wir kurz in die Knie. Etwas schwieriger wird es, wenn wir in der vierten Zeile alle Monate mitaufzählen, die vor dem Geburtstagsmonat liegen (z.B. hier: Ach, wenn doch erst wieder Januar, Februar wär', ...). Dann müssen wir natürlich bei jedem Monatsnamen in die Knie gehen.

Beim Sommerfest auf der Wiese

Text: Rolf Krenzer / Musik: Detlev Jöcker

2. Beim Sommerfest auf der Wiese,
da summen die Bienen herum,
herauf und herunter,
kopfüber, kopfunter,
und das ist ein herrlich Gebrumm.

3. Beim Sommerfest auf der Wiese,
da tanzen die Mäuse ganz leis',
herauf und herunter,
kopfüber, kopfunter,
und drehen sich fröhlich im Kreis.

4. Beim Sommerfest auf der Wiese,
da spielen die Brummer den Baß,
herauf und herunter,
kopfüber, kopfunter,
und das macht dann allen viel Spaß.

5. Beim Sommerfest auf der Wiese,
da pfeifen die Vögel ein Lied,
herauf und herunter,
kopfüber, kopfunter,
da pfeifen wir alle gleich mit.

6. Beim Sommerfest auf der Wiese,
sind auch viele Kinder dabei,
herauf und herunter,
kopfüber, kopfunter,
da pfeifen wir alle gleich mit.

7. Beim Sommerfest auf der Wiese,
da singen die Kinder ein Lied,
herauf und herunter,
kopfüber, kopfunter,
dann singen die Großen gleich mit.

8. Das Sommerfest auf der Wiese
ist spät erst, wenn's dunkel wird, aus.
Herauf und herunter,
kopfüber, kopfunter,
so gehen jetzt alle nach Haus.

Weitere mögliche Strophen:

Beim Sommerfest auf der Wiese,
da spielen die Grillen zum Tanz,
herauf und herunter,
kopfüber, kopfunter,
da tanzen auch Liesel und Hans.

Beim Sommerfest auf der Wiese,
da tanzt auch ein Schmetterlingspaar,
herauf und herunter,
kopfüber, kopfunter,
und das ist dann ganz wunderbar.

Beim Sommerfest auf der Wiese,
da springen die Frösche herzu,
herauf und herunter,
kopfüber, kopfunter,
und quaken dann laut noch dazu.

• Bewegungsspiel zum Lied

Jede Strophe des Liedes bietet Anreize, sie in ein Spiel umzusetzen, wobei mit einigem Geschick auch das „Herauf und herunter, kopfüber, kopfunter“ dargestellt werden kann.
Die Käfer krabbeln über die Grashalme, die Brummer streichen oben und unten den Baß, die Schmetterlinge tanzen hoch in der Luft und fast auf der Erde, und zum Schluß kann man mit einem Purzelbaum vom Sommerfest nach Hause gehen.

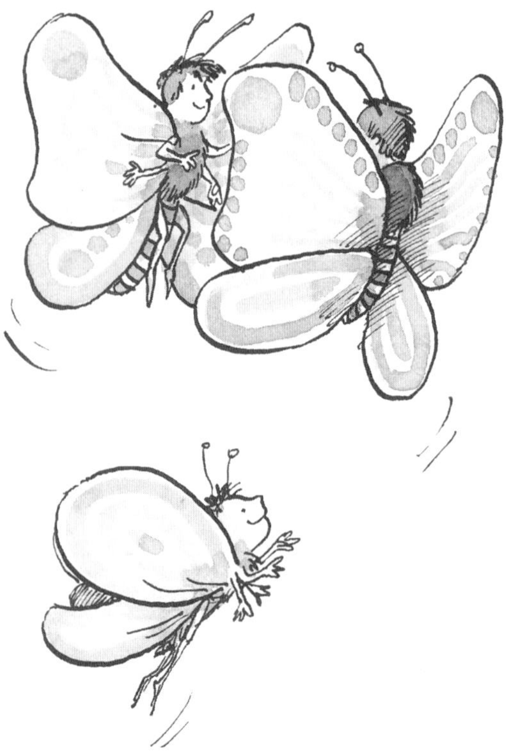

• Bewegungsspiele
„Was Kinder alles können"

Seht den ... euch mal an,
seht doch was er alles kann!
Kann artig sein, kann Diener machen,
kann lärmen und schrei'n,
kann weinen und lachen,
kann laufen und springen,
kann trommeln und singen,
kann rasseln, kann prasseln,
kann werfen und schlagen,
kann reiten und jagen, spazieren
und marschieren,
kann plappern und fragen,
kann holen und tragen,
kann Bilder anschauen
und spazieren gehn,
auf dem Kopfe stehn.
Heissa, im lustigen Tanze sich drehn.

• Tastspiel

„Was ist drin im Sack?"

Wir bringen zu dem Fest alle eine Kleinigkeit mit, z.B. ein kleines Spielzeug, einen Buntstift, einen Ring o.ä.
Der Spielleiter hat vorher bereits einen Stoffbeutel besorgt, in den nun unsere mitgebrachten Gegenstände gesteckt werden.
Dann malt jeder von seinem Mitbringsel ein kleines Bild. Diese Blätter werden gemischt und unser Spiel kann beginnen.
Ein Kind zieht eine Karte und muß nun durch Tasten den Gegenstand in dem Stoffbeutel finden.

• Bewegungsspiel

„Schatzsuche"

Auf keinem Sommerfest darf eine spannende Schatzsuche fehlen.
Der Spielleiter beklebt vor dem Fest einen kleinen Karton mit Goldpapier und füllt ihn mit eßbaren Goldtalern.
Dann wird dieser Schatz im Garten versteckt. Von diesem Versteck fertigt er einen genauen Lageplan an.
Bei diesen Vorbereitungen können einige von uns schon mithelfen.
Der Lageplan wird in kleine Teile zerschnitten, die einzeln in Briefumschläge gesteckt werden.
Jeder erhält später einen Umschlag, und wir versuchen nun gemeinsam, den Schatzplan wieder zusammenzusetzen und den Schatz zu heben.
Ist er endlich gefunden, wird er natürlich gerecht aufgeteilt.

• Bewegungsspiel

„Wir zappeln in der Reihe"

Die Kinder stehen in Reihen hintereinander. Bunte Tücher stellen die Verbindung in der jeweiligen Gruppe her. Die Musik beginnt nun zu spielen, und die Kinderreihen setzen sich in Bewegung. Wie kleine Schlangen schlängeln sich die Kinder durch den Raum. Dabei zappeln sie und schwenken die Tücher in ihren Händen.
Je nachdem, welche Musik gespielt wird, verändert sich der Rhythmus der Schlange, und die Kinder zappeln entsprechend mit.

• Bewegungsspiele mit Luftballons

Kleinen Kindern macht es großen Spaß, wenn sie auf einem Sommerfest mit großen, bunten Luftballons spielen können.
Nachfolgend einige Anregungen für das nächste Fest mit den Kleinen.

„Luftballonlampions“

Als kleines Andenken an das Fest bekommt jedes Kind einen Luftballon mit nach Haus. Dazu binden wir einen Luftballon mit einem Band oben an einem Holzstab fest.
Mit kleinen Bändern oder Schleifen läßt sich der Luftballonlampion noch ausschmücken.

„Luftballontanz“

Immer zwei Kinder halten einen Luftballon zwischen ihren Köpfen und tanzen zum Lied „Beim Sommerfest ...“. Dabei darf der Luftballon nicht auf die Erde fallen. Jedes Paar, dem das passiert, muß ausscheiden.
Sieger ist das Pärchen, das am längsten mit den Luftballon tanzen konnte.

„Das Ballonbecken“

Ein aufblasbares Planschbecken wird, statt mit Wasser, randvoll mit schwach aufgeblasenen Luftballons gefüllt. Je bunter die Ballons sind, um so mehr Spaß macht es den Kleinen, darin zu „planschen“.

• Tanzlied

nach der Melodie von
„Ein Schneider fing 'ne Maus"
- Sommerfest der Tiere -

2. Wir gehen alle hin,
wir gehen alle hin,
wir gehen hin und tanzen mit,
ti-ta-tanzen mit,
wir gehen alle hin.

3. Da kommt auch schon das Schwein,
da kommt auch schon das Schwein,
da kommt das Schwein und grunzt
ganz laut,
gri-gra-grunzt ganz laut,
da kommt auch schon das Schwein.

4. Als nächste folgt die Kuh,
als nächste folgt die Kuh,
als nächste folgt die Kuh und muht,
Ki-Ka-Kuh und muht,
als nächste folgt die Kuh.

5. Der Hahn stolziert heran,
der Hahn stolziert heran,
der Hahn stolziert heran und schreit
„Ki-ka-kikeriki",
der Hahn stolziert heran.

6. Die Hühner kommen noch,
die Hühner kommen noch,
die Hühner bringen Küken mit,
Ki-Ka-Küken mit,
die Hühner kommen noch.

7. Die Katze schleicht sich hin,
die Katze schleicht sich hin,
die Katze schleicht sich hin, miaut,
mi-ma-mi-miaut,
die Katze schleicht sich hin.

Siehst du, wie ich lachen kann

Text und Musik: Detlev Jöcker

2. Siehst du, wie ich lachen kann?
Siehst du, Lachen, das steckt an!
Daß es ganz laut schalle,
lachen wir alle.
Dann hört es sich so an:
Hahaha...

3. Siehst du, wie ich kichern kann?
Siehst du, Kichern, das steckt an!
Sieh nur her, ich stecke
unter der Decke.
Dann hört es sich so an:
Hihihi...

4. Siehst du, wie ich schmunzeln kann?
Siehst du, Schmunzeln, das steckt an!
Wenn wir alle schmunzeln,
kriegt keiner Runzeln.
Dann hört es sich so an:
Hmhmhm...

5. Siehst du, wie ich meckern kann?
Siehst du, Meckern, das steckt an!
Ich hab schlechte Laune!
Höre und staune,
dann hört es sich so an:
Hehehe...

6. Siehst du, wie ich weinen kann?
Siehst du, Weinen, das steckt an!
Und die Tränen laufen,
Schniefen und Schnaufen.
Dann hört es sich so an:
Huhuhu...

7. Wenn ich wieder lachen kann,
siehst du, das steckt alle an!
Wenn wir's alle machen,
gibt's was zu lachen,
dann hört es sich so an:
Hahaha...

• Spielvorschlag zum Lied

Strophe 1: Alle schauen sich an und lachen.
Strophe 2: Alle lachen und schlagen sich auf die Schenkel.
Strophe 3: Alle kichern hinter vorgehaltener Hand.
Strophe 4: Alle schmunzeln mit einem breiten Grinsen.
Strophe 5: Alle meckern mit erhobenem Zeigefinger.
Strophe 6: Alle schimpfen mit geballten Fäusten.
Strophe 7: Alle weinen und wischen sich dabei die Tränen ab.
Strophe 8: Alle lachen laut und nehmen sich dabei in die Arme.

• Bewegungsspiel

nach der Melodie von „Von den blauen Bergen kommen wir“

2. Ich bin sauer
und stampfe mit den Fuß.
Ich bin sauer
und stampfe mit dem Fuß.
Ich bin sauer,
ja, und stampfe -
Ich bin sauer,
ja, und stampfe -
Ich bin sauer
und stampfe mit dem Fuß.

3. Ich bin lustig
und winke allen zu.
Ich bin lustig
und winke allen zu.
Ich bin lustig,
ja, und winke -
Ich bin lustig,
ja, und winke -
Ich bin lustig
und winke allen zu.

4. Ich bin müde
und gähne jetzt ganz laut.
Ich bin müde
und gähne jetzt ganz laut.
Ich bin müde,
ja, und gähne -
Ich bin müde,
ja, und gähne -
Ich bin müde
und gähne jetzt ganz laut.

In diesem Spiel können wir unsere Gefühle gut zum Ausdruck bringen und mit den anderen teilen.
Wir stehen im Kreis und singen und bewegen uns alle mit.
Wir können uns auch noch andere Stimmungen und Launen ausdenken.

• Fingerspiel

„Piff und Puff“

Piff und Puff, die beiden, 1
können sich nicht leiden. 2
Streiten sich und schlagen sich,
ganz und gar nicht brüderlich. 3
Strecken sich die Zunge raus, 4
doch dann muß Puff ins
Krankenhaus. 5
Piff besucht ihn jeden Tag, 6
und bedauert manch' böse Tat. 7
„Hör, lieber Puff, verzeih mir doch,
ich bin doch recht besorgt um dich. 8
Komm bitte bald nach Haus zurück,
ich bin vor Schuld schon ganz
geknickt.“ 9
Der Puff hört dies mit großer Freud',
auch er will sich ändern und
bereut's. 10

Dieses Fingerspiel können wir spielen, wenn wir uns gestritten haben und uns wieder vertragen wollen.

1 Die beiden Daumen in die Luft halten.
2 Die beiden Daumen voneinander abwenden.
3 Mit den Daumen gegeneinander schlagen.
4 Beide Daumen zwischen die jeweiligen Mittelfinger und Zeigefinger stecken und sie hin und her bewegen.
5 Einen Daumen flach auf den Tisch legen.
6 Der zweite Daumen marschiert heran und um den anderen herum.
7/8 Handinnenflächen aneinanderlegen.
9 Einen Daumen ganz tief einknicken.
10 Den anderen Daumen freudig hin und her bewegen.

• Bewegungsspiel

„Bei den Kribbel-Krabbel-Käfern“

Auch kleine Kribbel-Krabbel-Käfer sind mal fröhlich und mal traurig.
Wir übernehmen die Rolle der Kribbel-Krabbel-Käfer und knien uns immer zu zweit gegenüber. Dabei machen wir die verschiedenen „Gefühls-Bewegungen” nach, die in den acht Versen genannt werden.

Wenn Kribbel-Krabbel-Käfer fröhlich sind:

Kribbel, krabbel, kraune,
ich hab heut gute Laune.

Kribbel, krabbel, kruft,
ich springe in die Luft.

Kribbel, krabbel, kraut,
ich lache jetzt ganz laut.

Kribbel, krabbel, krer,
ich hüpfe hin und her.

Wenn Kribbel-Krabbel-Käfer traurig sind:

Kribbel, krabbel, kraune,
ich hab' heut schlechte Laune.

Kribbel, krabbel, kränen,
mir laufen schon die Tränen.

Kribbel, krabbel, kraufe,
ich schniefe und ich schnaufe.

Kribbel, krabbel, kriel,
ich weine heute viel.

Wie ein bunter Schmetterling

Text: Rolf Krenzer / Musik: Detlev Jöcker

2. Willst du ein bunter Schmetterling
an meiner Seite sein?
Dann fliegen wir zusammen los
und sind nicht mehr allein.
Dann...

3. Wenn wir müd' vom Fliegen sind,
dann ruhen wir uns aus,
und fliegen gleich schon wieder los,
weit in die Welt hinaus.
Und...

• Kreisspiel zum Lied

Ein Kind stellt im Spielkreis zuerst den Schmetterling dar. Es breitet beide Hände als Flügel aus und fliegt zur ersten Strophe im Kreis herum und bleibt dann vor einem Mitspieler stehen. Es lädt ihn ein, mitzufliegen.
Gemeinsam singen wir: „Wie ein bunter Schmetterling...“, wenn beide im Kreis herumfliegen.
Danach suchen sich beide Schmetterlinge zwei weitere Partner. Dann fliegen vier Schmetterlinge im Kreis herum. In der nächsten Spielrunde sind es dann bereits acht Schmetterlinge. Wenn alle Mitspieler herumfliegen, dann singen wir die dritte Strophe und ruhen uns auf der Erde aus.

• Rätsel

Was fliegt so bunt im Sonnenschein
und kehrt als Gast bei Blumen ein?

(Der Schmetterling)

An der Blüte will er naschen,
Kinderlein, die woll'n ihn haschen.

(Der Schmetterling)

Weißt du, was Nils im Netze fing?
Es war ein bunter ... .

(Schmetterling)

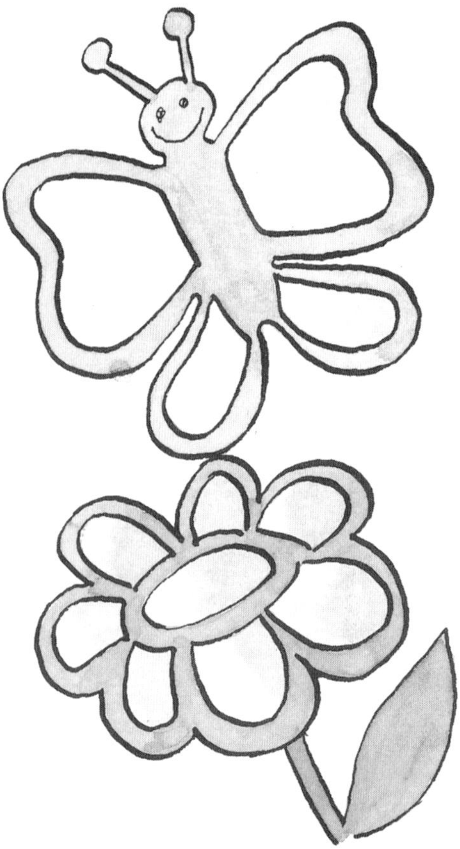

• Bastelvorschlag
„Schmetterlinge am Fenster"

Wir brauchen:
- Transparentpapier in mehreren Farben
- Tonpapier
- Schere
- Bleistift
- Klebstoff

Auf das Tonpapier (sehr schön ist hier Tonpapier in Pastelltönen) zeichnen wir die Umrisse von Schmetterlingen und schneiden sie aus. Nun malen wir mit einem Bleistift die Innenflächen der Flügel nach und schneiden diese Innenflächen aus.
Aus dem Transparentpapier schneiden wir passende Formen, die wir über die leeren Innenflächen des Schmetterlings kleben.
In gleicher Weise gestalten wir die anderen Schmetterlinge.
Zum Schluß können wir sie mit etwas Tesafilm am Fenster befestigen.
Ein richtiges Bild entsteht, wenn wir aus dem restlichen Papier kleine Blumen basteln und diese unter die Schmetterlinge kleben.

● Bastelvorschlag
„Noch mehr Schmetterlinge“

Wir brauchen:
- Kreppapier
- Pfeifenputzer

Das bunte Kreppapier schneiden wir in 6 cm breite und 13 cm lange Vierecke und raffen diese Streifen in der Mitte zusammen.
Den Pfeifenputzer drehen wir nun als Rumpf des Schmetterlings um zwei hintereinanderliegende Flügel. Die Enden des Pfeifenputzers formen wir so, daß sie die Fühler des Schmetterlings bilden.

● Bastelvorschlag
„Der Eierkarton-Schmetterling“

Wir brauchen:
- Eierkarton
- Chenilledraht
- Tonpapier
- Tempera- oder Wasserfarbe
- Schere
- Klebstoff

Den Eierkarton schneiden wir auseinander, so daß jeweils vier oder fünf Eierwaben hintereinander stehen. Die Waben legen wir mit der Öffnung nach unten auf den Tisch, bemalen die Eierwaben mit Tempera- oder Wasserfarbe und malen vorn auf die erste Wabe das freundliche Gesicht eines Schmetterlings. Während die Farbe trocknet, schneiden wir aus dem Tonpapier die Flügel zu. Dann stecken wir die beiden Chenilledrähte als Fühler oben in die erste Wabe. An den Seiten (auf der Höhe der zweiten und dritten Wabe) schneiden wir kleine Schlitze ein, in die wir die vorbereiteten Flügel hineinstecken. Damit sie besser steckenbleiben, kleben wir sie auf der Rückseite mit Tesafilm fest. Fertig!

● Bewegungsspiel
„Schmetterlinge fliegen“

Schmetterling, ach, Schmetterling,
du bist so ein hübsches Ding. 1
Fliegst nur immer kreuz und quer,
um meinen Kopf und hin und her. 2
Lacht die Sonne dich dann an, 3
drehst du dich im Kreis so dann. 4
Fliegst ganz leise um mich 'rum,
und ich hör' dein „Summ, summ
summ“. 5
Ruhst dich auf der Blüte aus, 6
fliegst dann wieder hoch hinaus. 7

Spielvorschlag:
Wir stehen im Kreis und stützen unsere Arme in Hüfthöhe ab. So können wir sie wie Flügel nach vorn und hinten bewegen.

1 Wir laufen im Kreis hin und her und bewegen die Arme wie Flügel.
2 Wir „fliegen" durch den Raum und umrunden die anderen Schmetterlinge.
3 Wir bleiben stehen und formen mit der Hand eine große Kugel.
4 Wir drehen uns hin und her.
5 Wir fliegen um einen anderen Schmetterling und summen dabei leise.
6 Wir sinken erschöpft zur Erde und sinken zusammen.
7 Ausgeruht springen wir auf, winkeln wieder die Arme an und laufen springend weiter.

So geht es zu bei Schweinen

Text: Rolf Krenzer / Musik: Detlev Jöcker

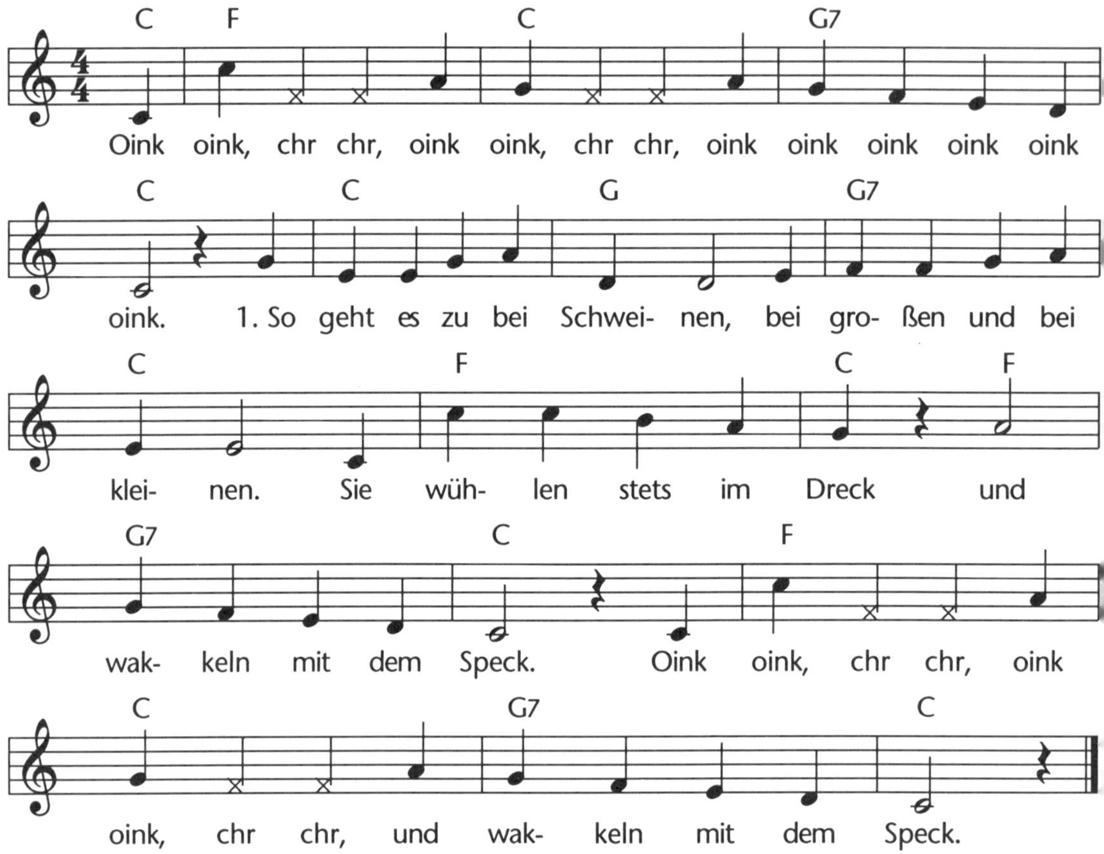

2. Sie suhlen in der Patsche
und fressen gerne Matsche
und riechen auch nicht fein.
Bei Schweinen muß das sein.
Oink oink, chr chr,
oink oink, chr chr,
bei Schweinen muß das sein.

3. Sie sind nicht appetitlich,
doch grunzen sie so friedlich,
und es will jedes Schwein
am liebsten Schwein nur sein.
Oink oink, chr chr,
oink oink, chr chr,
am liebsten Schwein nur sein.

• Ratespiel

„Was fällt uns dazu ein?"

Wir sitzen auf Stühlen im Kreis. Ein Kind hat einen Ball in der Hand und beginnt das Spiel.
Es wirft den Ball zu einem anderen und fragt: „Was fällt dir zu Quatsch ein?"
Dieses Kind muß nun einen Begriff nennen, in dem das Wort „Quatsch" vorkommt. Dann wirft es den Ball weiter und fragt ein neues Kind.
Wenn keiner mehr eine Antwort geben kann, suchen wir ein neues Wort und spielen damit weiter.

• Bewegungsspiele

„Das Lach-Quatsch-Laufen"

Wir stellen uns in zwei Reihen gegenüber auf und gucken uns dabei an.
Nun warten wir auf die Schweinchen, ein paar andere Kinder, die versuchen, ganz ernst und ohne „Quieken und Grunzen" durch den Gang zu laufen.
Wir in den Reihen versuchen natürlich, durch Grimassenschneiden oder witzige Laute, sie zum Lachen zu bringen.
Wer es schafft, bei dem Unsinn ganz ernst zu bleiben, hat sicher einen Applaus verdient.

„Das verrückte Tierrennen"

Bei diesem Wettlauf übernimmt jeder die Rolle eines Tieres. Während des Laufes muß er sich vorwärtsbewegen wie das Tier.
Dies ist natürlich schwieriger als einfach nur zu laufen.
Als mögliche Bewegungen können wir wählen:
- mit gespreizten Beinen schreiten wie ein Storch und dabei nach zehn Schritten kurz auf einem Bein stehenbleiben
- auf allen Vieren laufen wie ein Hund
- in die Hocke gehen und watscheln wie eine Ente
- zu zweit als Pferd galoppieren (das Kind vorne steht aufrecht, das dahinter bückt sich und schlägt die Arme um die Hüfte des ersten)
- in der Hocke Sprünge nach vorn machen wie ein Frosch, dabei die Hände in die Hüften stemmen
- wie ein Elefant fest auftreten

Auf ein Signal hin stellen wir uns an der Startlinie auf und warten auf den Startpfiff. Nun versucht jeder in seiner Bewegungsart so schnell wie möglich am Ziel zu sein.
Besonders diejenigen von uns, die zuschauen und die anderen anfeuern, werden ihren Spaß an diesem Spektakel haben.

• Lustige Tierverse

„Wie spät mag's sein?"
grunzt das Schwein.
„Ein Viertel vor sieben!"
meckern die Ziegen.
„Noch ein Viertel dazu."
brummt die Kuh.
„Schon so spät?"
wiehert das Pferd.

•

Der Himmel ist blau,
das Mäuschen ist...(grau).
Der Fisch ist stumm,
die Gans ist...(dumm).
Der Bär brummt,
die Biene...(summt).
Im Stall steht die Kuh,
die macht...(muh).
Der Storch klappert,
die Ente...(plappert).
Gemütlich ist's im Häuschen,
den Speck, den nascht das...(Mäuschen).
Die Wäsche hängt auf der Leine.
Der Storch hat lange...(Beine).
Ein großes Wasser nennt man Fluß,
nun ist mit dem Raten...(Schluß).

Wenn wir zaubern

Text: Rolf Krenzer / Musik: Detlev Jöcker

2. Wenn wir zaubern,
wenn wir zaubern,
hokus - pokus - bum!
Dann laufen Indianer hier
im Zauberkreis herum.
Ein jedermann, ein jeder kann
die Indianer sehn,
wenn sie spazie-,
wenn sie spazie-,
wenn sie spazierengehn.
Wir sind die Indianer!
Das kann ein jeder sehn,
wenn wir spazie-,
wenn wir spazie-,
wenn wir spazierengehn.

3. Wenn wir zaubern,
wenn wir zaubern,
hokus - pokus - bum!
Dann laufen Musikanten hier
im Zauberkreis herum.
Ein jedermann, ein jeder kann
die Musikanten sehn,
wenn sie spazie-,
wenn sie spazie-,
wenn sie spazierengehn.
Wir sind die Musikanten!
Das kann ein jeder sehn,
wenn wir spazie-,
wenn wir spazie-,
wenn wir spazierengehn.

4. Wenn wir zaubern,
wenn wir zaubern,
hokus - pokus - bum!
Dann laufen nur noch Roboter
im Zauberkreis herum.
Ein jedermann, ein jeder kann
die Roboter hier sehn,
wenn sie spazie-,
wenn sie spazie-,
wenn sie spazierengehn.
Wir Roboter sind fröhlich,
das kann ein jeder sehn,
wenn wir spazie-,
wenn wir spazie-,
wenn wir spazierengehn.

• Bewegungsspiel zum Lied

Je nach Zaubervorschlag können wir alle gemeinsam die unterschiedlichsten Tiere, Leute und Sachen darstellen, zum Beispiel Chinesen, die Teller drehen, Hampelmänner, Pinguine, wilde Löwen, Musterknaben, Segelflieger, Fahrradfahrer, Seiltänzer usw.

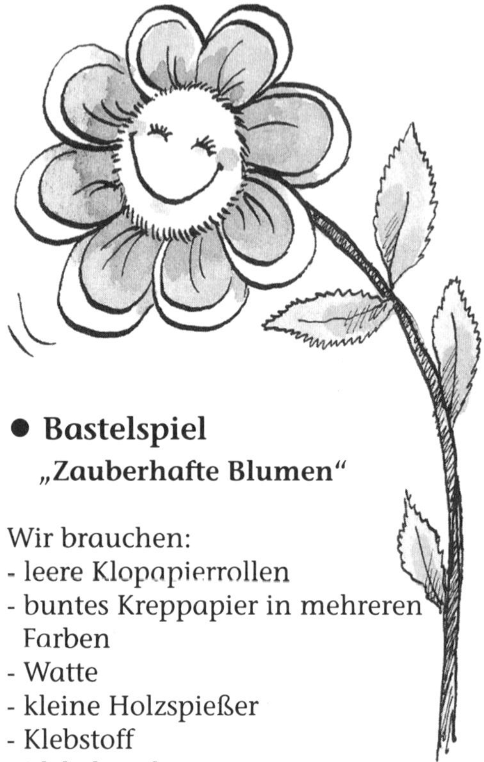

• Bastelspiel
„Zauberhafte Blumen"

Wir brauchen:
- leere Klopapierrollen
- buntes Kreppapier in mehreren Farben
- Watte
- kleine Holzspießer
- Klebstoff
- Klebeband

Das Kreppapier schneiden wir in 1m lange Streifen, die möglichst doppelt so breit wie die Klopapierrollen sein sollten, und raffen sie dann zu einer Blume zusammen.
Aus der Watte formen wir kleine Kugeln als Köpfe, und mit Kreppapierschnipseln kleben wir darauf anschließend ein Gesicht.
Den Wattekopf kleben wir auf das Holzstäbchen und setzen dieses in die Mitte der Kreppapierblume. Mit dem Klebeband umwickeln wir nun den unteren Teil der Blume bis zur Mitte.
Diese zauberhafte Blume wird nun durch die leere Rolle hin und her geschoben, so daß jedes Mal das kleine Gesicht zum Vorschein kommt.

• Kreisspiel
„Zaubersprüche"

Ein richtiger Zauberer kennt natürlich viele Zaubersprüche, mit denen er uns verzaubern kann.
Jetzt steht der Zauberer in der Mitte und verzaubert die Kinder, die im Kreis um ihn herumstehen.

Hokus, pokus, pumm,
der Zauberer geht herum.
- Wir gehen im Kreis herum. -
Hokus, pokus, poor,
ihr singt ihm jetzt was vor.
- Wir singen ihm ein Lied vor. -
Hokus, pokus, peck,
nun hüpft ihr auf dem Fleck.
- Wir hüpfen auf der Stelle. -
Hokus, pokus, pald,
er verwandelt euch sobald.
- Zauberer bewegt seinen Zauberstab hin und her. -
Hokus, pokus, paus,
du bist nun eine Maus.
- Ein Kind wird von dem Zauberer „verwandelt" und muß die entsprechenden Bewegungen machen. -
Hokus, pokus, patz,
du bist nun eine Katz'.
- Ein anderes Kind muß die entsprechenden Katzenbewegungen nachmachen. -
Hokus, pokus, petz,
er fängt euch nun im Netz.
- Der Zauberer versucht, uns zu fangen. -

• Bewegungsspiel
„Ihr seid alle verzaubert"

Wir laufen zur Musik im Raum hin und her. Nun kommt ein als Zauberer verkleidetes Kind herein.
Dieses hat einen Zauberstab in der Hand und tickt uns nun nach und nach an die Schulter. Dabei flüstert der Zauberer uns jeweils einen Zauberspruch ins Ohr und verwandelt uns. Jeder von uns muß sofort stehenbleiben und darf sich nicht mehr bewegen.
Sind alle verzaubert, holt der Zauberer uns nacheinander auf seine Zauberbühne, wo wir pantomimisch darstellen sollen, in was wir verzaubert wurden. Erraten dies die anderen, sind wir von dem Zauber erlöst.

Jahreszeitenlied

Text: Lore Kleikamp / Musik: Detlev Jöcker

2. Ich bin der Sommer, voll Farbe und Licht.
Mit Sonne und Wärme spare ich nicht.
Was vorher geblüht, das wächst und gedeiht.
Ganz langsam und stetig, es braucht seine Zeit.

He, he, Sommer! Wir freuen uns...

3. Ich bin der Herbst, ich bringe nun ein,
Gemüse und Früchte, Korn und Wein.
Verteilt ihr es gut in Land und in Stadt,
dann muß keiner hungern und jeder wird satt.

He, he, Herbst! Wir freuen uns...

4. Ich bin der Winter, bin grau und bin weiß.
Ich bringe die Kälte und das Eis.
Die Pflanzen und Tiere ruhen sich aus.
Die Kinder, sie jubeln, wenn Schnee liegt vorm Haus.

He, he, Winter! Wir freuen uns...

• Rätsel
„Die vier Jahreszeiten“

Der Schnee wird weich,
es taut der Teich,
lang wird der Tag.
Wann ist das? Sag!

(Im Frühling)

Das Feld ist leer
und regenschwer,
die Erde naß.
Sag, wann ist das?

(Im Herbst)

Die Sonne glüht,
die Linde blüht,
das Korn wird voll.
Wann ist das wohl?

(Im Sommer)

Die Felder weiß,
auf Flüssen Eis.
Es weht der Wind.
Wann ist das, Kind?

(Im Winter)

• Fingerspiele

„Im Frühling"

Wenn die Frühlingssonne lacht, 1
wenn die Vögel aufgewacht, 2
kommen übers weite Meer
alle Vögel wieder zu uns her. 3
Ruhen sich erst ein wenig aus, 4
fliegen dann über Berge
nach Haus. 5
Eines hierhin, eines dort!
Jedes an einen anderen Ort. 6
Und wer hat sie zuerst gesehn, 7
der steigt auf die Höh'
und bleibt dort stehn. 8
Die Kinder rufen vor Freude: „Hurra!
Der Frühling, der Frühling
ist wieder da." 9

1 Mit den Händen einen Kreis über dem Kopf bilden.
2 Die Hände zu Kelchen formen und langsam öffnen.
3 Mit den Armen und Händen schwingen.
4 Die geöffnete Hand flach auf den Tisch legen.
5 Mit den Armen schwingende Bewegungen machen und dabei etwas nach oben gehen.
6 Mit den Fingern der zwei Hände in entgegengesetzte Richtungen trippeln.
7 Hände suchend über die Augen halten.
8 Mit den Fingern Steigbewegungen in der Luft machen.
9 In die Hände klatschen und die Arme in die Luft werfen.

„Im Herbst"

Fünf Bäume stehn im Garten. 1
Die will ich fleißig warten,
damit sie im Herbst nach sonnigen Tagen
recht viele süße Früchte tragen. 2

Der Baum, der kleine Daumen,
trägt meist die schönsten Pflaumen. 3
Der Zeigefinger Birnen, süß und klein,
die finden alle Kinder fein. 4
Der mittlere ist ein Apfelbaum, 5
der vierte ist ein Kirschenbaum. 6
Und dieses kleine Fingerlein
soll mein grüner Weinstock sein. 7

1 Alle Finger strecken und hin und her bewegen.
2 Mit der anderen Hand Sonnenstrahlen andeuten.
3-7 Die fünf Finger der Hand nacheinander strecken und aufzählen.

• Beobachtungsspiel
„Der Jahresbaum"

Sicherlich gibt es in unserer Nähe einen Kastanienbaum. Bereits im Frühjahr können wir mit unseren Beobachtungen anfangen.
Regelmäßig sehen wir uns Blätter, Blüten und Früchte an und notieren unsere Beobachtungen.
Wenn die Blüten des Kastanienbaumes verwelken, können wir bei genauem Hinsehen zwischen den großen Blättern grüne, weichstachelige Kapseln entdekken.
Während des Sommers werden diese immer größer, und langsam wächst in der Kapsel eine Kastanie heran.
Manchmal fällt so eine stachelige Kapsel herunter. Dann können wir schon einmal nachsehen, wie weit die Frucht gereift ist.
Die anfänglich kleinen, weißen Samen werden später braun und hart.
Im Herbst fallen dann die reifen Kastanien mit der stacheligen Umhüllung zur Erde.
Nicht alle Kastanien kullern sofort aus der Schale, sondern wir müssen oft etwas nachhelfen.
Aus den gesammelten Kastanien können wir lustige Ketten auffädeln oder kleine Tierchen bauen.
Die Blätter können wir sammeln, in einem dicken Buch pressen und dann für eine Herbst-Collage verwenden.

• Bastelspiel
„Der Herbstkönig"

Bei diesem königlichen Spiel wählen wir den schönsten Herbstkönig.
Dazu bastelt sich jeder von uns eine Krone aus Laub.

Wir brauchen:

- Tonpapier
- Schere
- Tacker
- Klebstoff
- schöne farbige Blätter

Aus dem Tonpapier schneiden wir einen 6-8 cm langen Streifen, der so lang sein sollte, das er zusammengeklebt als Krone auf den Kopf gesetzt werden kann. Dementsprechend werden die Enden zusammengetackt oder geklebt.
Nun werden die bunten Blätter ganz dicht aufgeklebt, und fertig ist unsere Krone für den Herbst.

• Bastelvorschlag

„Postkarten im Frühling und Herbst"

Wir brauchen:
- zwei leere Postkarten
- Goldfarbe
- grüne Wasserfarbe oder einen grünen Wachsmalstift
- Pinsel
- getrocknete/ gepreßte Blüten bzw. getrocknete Herbstblätter

Die Karten bemalen wir mit der Goldfarbe bzw. mit der grünen Farbe und lassen sie trocknen.
Nun kleben wir die getrockneten Blüten auf die grüne „Frühlingswiese" und bekleben die goldene Karte mit den getrockneten Herbstblättern.
Wenn beide Karten gut gelungen sind, können wir sie auch in einem passenden Rahmen aufhängen.

• Die Jahreszeiten

Im Januar gibt's Schnee und Eis.
Der Februar kommt kalt und weiß.
Im März bricht schon der Frühling an.
April ist ein verdrehter Mann.
Der Mai macht Wald und Felder grün.
Im Juni: Sommerrosen blühn.
Im Juli winkt das Ferienland.
August heißt Strand und Sonnenbrand.
September macht den Herbst bereit.
Oktobermonat: Erntezeit.
November schickt den nassen Wind.
Dezember: Winterzeit beginnt.

Ich schenk dir einen Sonnenstrahl

Text: Rolf Krenzer / Musik: Detlev Jöcker

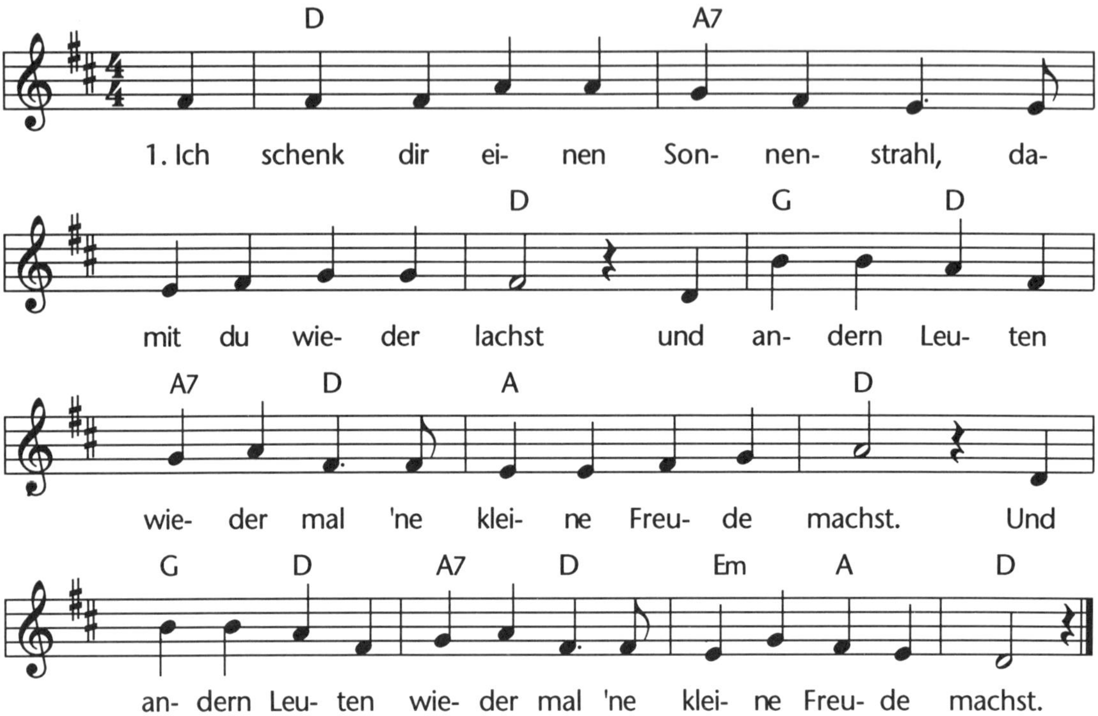

2. Ich schenk dir einen Sonnenstrahl,
dann spürt es jedermann:
Ein Sonnenstrahl steckt tausendmal
die anderen alle an.
Ein Sonnenstrahl steckt tausendmal
die anderen alle an.

3. Ich schenk dir einen Sonnenstrahl,
damit du daran denkst,
daß du mir diesen Sonnenstrahl,
wenn ich ihn brauche, schenkst,
daß du mir diesen Sonnenstrahl,
wenn ich ihn brauche, schenkst.

• Bewegungsspiel zum Lied

Die Kinder gehen aufeinander zu. Wenn sich zwei gefunden haben, geben sie sich die Hände und lachen sich an. Dann gehen sie gemeinsam weiter und auf ein anderes Paar zu, geben sich die Hände und lachen sich an. Aus den zwei Paaren werden vier Paare und dann immer mehr.
Die Kinder können auch einen großen Kreis bilden und zusammen tanzen, aber auch in Paaren oder in Doppelpaaren usw.

• Ein kleiner Sonnenvers

„Lied der Sonne"
von Christian Morgenstern

Ich bin die Mutter Sonne und trage
die Erde bei Nacht, die Erde bei Tage.
Ich halte sie fest und strahle sie an,
daß alles auf ihr wachsen kann.
Stein und Blume, Mensch und Tier,
alles empfängt sein Licht von mir!
Tu auf dein Herz wie ein Becherlein,
denn ich will leuchten auch dort
hinein!
Tu auf dein Herzlein, liebes Kind,
daß wir ein Licht zusammen sind.

• Rätsel

Sie wärmt Land und Wasser,
wenn sie am Tage lacht.
Sie leuchtet uns am Tage
und anderen bei Nacht.

(Die Sonne)

Liebes Kind,
sag, ob du weißt,
wie die große Kugel heißt,
die so heiß ist wie die Glut
und am Abend rot wie Blut.

(Die Sonne)

Ich wandle mit dir Tag und Nacht
im Sonnen- und im Mondenschein.
Auf leichten Sohlen schleich' ich sacht
bald vor dir her, bald hintendrein:
Hinab das Tal, hinan den Berg,
bald wie ein Riese, bald wie ein Zwerg.

(Der Schatten)

• Bastelspiel
„Die Welt in anderen Farben“

Wir brauchen:

- leere Haushaltsrolle
- Schere und kleines Messer
- buntes Papier
- Tonpapier
- Haushaltsfolie oder Zellophanpapier
- Filzstifte

An den Außenseiten einer Haushaltsrolle schneiden wir in der Mitte links und rechts Schlitze. Dabei helfen uns sicherlich die Erwachsenen.
Die Schlitze sollten über ca. drei Viertel der linken bzw. rechten Außenseite laufen und 1 cm breit sein.
Nun bemalen wir die Haushaltsrolle oder bekleben sie mit Papierschnipseln.
Aus dem Tonpapier werden zwei längliche Rahmen geschnitten, die durch den Schlitz hindurchpassen sollten.
Diesen Rahmen bespannen wir mit der Haushaltsfolie oder dem Zellophanpapier und malen mit Filzstiften verschiedene Farbfelder hintereinander auf.
Wenn wir zum Schluß dieses bunte Rähmchen quer durch die Schlitze schieben, sehen wir die Umwelt in bunten, wechselnden Farben.

• Bastelvorschlag
„Die Sonnenbrille“

Wir brauchen:
- festes Kartonpapier
- Gummiband
- farbiges Transparentpapier
- stumpfe Stricknadel
- Schere
- Klebstoff
- Farbstift

Ein Erwachsener hilft uns beim Aufzeichnen einer dicken Sonnenbrille für die Ferien.
Wir schneiden die Brille aus und bemalen sie nach unseren eigenen Vorstellungen.
Das Transparentpapier schneiden wir nun entsprechend der Brillengläser aus und kleben es auf der Rückseite fest.
Mit der Stricknadel pieksen wir links und rechts kleine Löcher, an denen das Gummiband zum Schluß befestigt wird.

• Bastelvorschlag
„Die Klammer-Sonnen“

Wir brauchen:
- gelbes Tonpapier
- Schere
- Bindfaden
- gelbe Wäscheklammern

Aus dem gelben Tonpapier schneiden wir große, gelbe Kreise. An einer Stelle am Rand bohren wir ein Loch, durch das wir einen Faden durchziehen können.
Nun befestigen wir die gelben Wäscheklammern im dichten Abstand an dem gelben Kreis. Diese Sonnen können wir im Garten verteilt als strahlende Lichtpunkte aufhängen.

• Malspiel
„Das Sonnenblumenfeld“

Wir brauchen:
- Zeichenpapier
- Fingerfarben in den Farben einer Sonnenblume: gelb, braun und grün
- Pinsel
- Lappen zum Händeabwischen

Diese Sonnenblumen drucken wir selbst mit unseren Händen.
Damit wir unsere Kleidung nicht zu sehr beschmieren, können wir ein altes Hemd oder ein alte Schürze überziehen.
Nun kann es losgehen:
Mit einem Pinsel bestreichen wir eine Handfläche mit brauner Farbe. Die Handfläche sollte möglichst rund mit Farbe bestrichen werden. Dann wird sie auf das Blatt Papier gedruckt. Am besten fest andrücken, damit der Blütenkelch schön kräftig wird.
Nun waschen wir unsere Hand und bestreichen danach einen Finger (am besten eignet sich der Zeigefinger) mit der gelben Fingerfarbe. Damit drucken wir nun die Blütenblätter um den Blütenkelch herum. Den Finger immer wieder mit der gelben Farbe bepinseln, dann wird das Gelb besonders leuchtend.
Den Stengel malen wir entweder mit dem Pinsel an, oder aber wir drucken ihn mit einem grün angemalten Finger auf.

• Beobachtungsspiel
„Die Sonnenuhr"

Gerade an einem sonnigen Tag im Urlaub am Meer können wir dieses Beobachtungsspiel durchführen.
Am Strand suchen wir eine Fläche, die möglichst eben ist. Einen dicken, hohen Holzstab stecken wir fest in den Sand. Dann markieren wir im Sand die Stelle, auf die der Schatten des Stockes sich richtet. Dies wiederholen wir zu jeder vollen Stunde.
Unsere Ausdauer wird belohnt, denn nach einigen Stunden sehen wir, daß der Schatten regelmäßig weitergewandert ist.
Wir können die entsprechenden Uhrzeiten neben unsere Striche in den Sand schreiben.
Am nächsten Tag lesen wir dann die genaue Uhrzeit von unserer Sonnenuhr im Sand ab.

• Kreisspiel
„Sommererwachen"

Bei all den lebhaften Spielen ist es auch schön, einmal etwas zur Ruhe zu kommen und gemeinsam im Kreis ein entspannendes Spiel durchzuführen.

Kennt ihr alle, kennt ihr alle,
- Jeder zeigt auf die anderen Kinder im Kreis -
die vielen Blumen, die da blühn?
- Mit den Händen formen die Kinder Blume in der Luft -
Der Regen, der vom Himmel fällt,
- Kinder machen durch Fingerbewegungen nach unten den Regen nach -
bewässert Gärten, Wald und Feld.
- Kinder klatschen schnell und etwas gedämpft in die Hände -
Ist das nicht herrlich anzusehn,
- Kinder machen staunende Gesichter -
wenn alles wächst, leuchtet und blüht.
- Kinder stehen aus der Hocke auf, machen kreisende Armbewegungen und bewegen sich wie die Blüten im Wind -

Wenn's zu Haus viel Arbeit gibt

Text: Rolf Krenzer / Musik: Detlev Jöcker

2. Wollen wir im Garten graben,
packt ein jeder zu.
Und zusammen, ja, zusammen,
schaffen wir's im Nu.
Jam ja di ja di bum...

3. Wollen wir die Äpfel pflücken,
packt ein jeder zu.
Und zusammen, ja, zusammen,
schaffen wir's im Nu.
Jam ja di ja di bum...

4. Wollen wir die Straße fegen,
packt ein jeder zu.
Und zusammen, ja, zusammen,
schaffen wir's im Nu.
Jam ja di ja di bum...

5. Woll'n wir unser Essen kochen,
packt ein jeder zu.
Und zusammen, ja, zusammen,
schaffen wir's im Nu.
Jam ja di ja di bum...

6. Wollen wir zusammen feiern,
packt ein jeder zu.
Und zusammen, ja, zusammen,
schaffen wir's im Nu.
Jam ja di ja di bum...

7. Wollen wir zusammen tanzen,
packt ein jeder zu.
Und zusammen, ja, zusammen,
schaffen wir's im Nu.
Jam ja di ja di bum...

8. Sind wir müde von der Arbeit,
decken wir uns zu.
Und zusammen, ja, zusammen,
schlafen wir im Nu.
Jam ja di ja di bum...

• Spielvorschlag zum Lied

Einer macht die Arbeiten vor, und alle anderen machen sie pantomimisch nach. Es können weitere Tätigkeiten eingesetzt werden, z.B. Bretter sägen, Schafe hüten, Kühe melken usw.

• Rätsel

Schmutze Wäsche waschen wir.
Dann wird sie wieder reine.
Sind wir fertig, hängen wir
die Wäsche auf die ... .

(Leine)

Ich kenne eine Mühle,
die treibt nicht der Wind,
sie steht auch nicht am Wasser
und mahlet doch geschwind.
Ihr könnt sie in der Küche sehn,
die Kinder sie gar gerne drehn.

(Die Kaffeemühle)

• Bewegungsspiel
„Das alles gibt's im Haus"

Die Kinder werden in zwei Gruppen eingeteilt. Der Spielleiter hat eine lange Liste vor sich liegen, auf der sich Gegenstände aus dem Haus befinden.
Nun fordert er beide Gruppen auf, einen bestimmten Gegenstand zu besorgen.
Jede Gruppe muß nun schnell loslaufen, um ihn herzubringen.
Wer sich am besten im Haus bzw. in der Schule oder im Kindergarten auskennt, hat immer als erster alle Gegenstände beisammen.

• Spiellied

nach der Melodie von „Wollt ihr fleißige Handwerker sehn?"

Wir stehen im Kreis, und jeweils einer tritt in den Kreis und macht die entsprechende Bewegung aus dem Lied nach.

2. Wollt ihr fleißige Köche sehn,
müßt ihr zu den Kindern gehn.
O wie fein, o wie fein,
die (Anne) kocht die Pflaumen ein.

3. Wollt ihr fleißige Gärtner sehn,
müßt ihr zu den Kindern gehn.
O wie fein, o wie fein,
der (Christoph) schert die Hecke klein.

4. Wollt ihr fleißige Bauern sehn,
müßt ihr zu den Kindern gehn.
O wie fein, o wie fein,
der (Carsten) bringt die Ernte ein.

Laternenlied

Text: Lore Kleikamp / Musik: Anke Jöcker

2. Wir tragen unsere Laternen
und lachen uns fröhlich an.
Wir tragen unsere Laternen,
weil jeder sich freuen kann.

Der Mond in der Ferne...

3. Wir tragen unsere Laternen
und sind auch noch gar nicht müd'.
Wir tragen unsere Laternen
und singen von vorn unser Lied.

• Bewegungsspiel zum Lied

Der Mond in der Ferne
- *Wir zeichnen mit unseren Händen den Mond nach.*

und alle die Sterne,
- *Mit den gespreizten Fingern unserer Hand stellen wir Sterne dar.*

sie schauen in großer Ruh'.
- *Wir legen die Hände um unsere Schultern und kuscheln uns ein.*

Der Mond in der Ferne
- *(Bewegungen wie oben)*

und alle die Sterne,
- *(Bewegungen wie oben)*

sie schauen von oben zu.
- *Wir legen die Hände über unsere Augen und schauen nach unten.*

• Bewegungsspiel zum Lied „Wem geht ein Licht auf?"

Gerade an dunklen Tagen können wir dieses Spiel gut spielen.
Der Raum ist dabei abgedunkelt, und jeder von uns hat eine Taschenlampe in der Hand.
Der Spielleiter stellt uns einfache Fragen, z.B.: Wie heißt das schwarzweiße, kauende Lebewesen? u.ä.
Sobald jemand die Antwort weiß, „geht ihm ein Licht auf", d.h., er blinkt schnell mit seiner Taschenlampe.
Jedes Blinken zusammen mit der richtigen Antwort gibt einen Leuchtpunkt.

• Bewegungsspiel „Hindernislaufen mit Kerzen"

Wir stehen uns in zwei Reihen gegenüber und bilden einen breiten Gang. Zwei Kinder tragen nun ihre Kerzen durch diese markierte Strecke. Wir versuchen dabei, ihnen die Kerzen auszupusten.
Das kleine Liedchen nach der Melodie „Taler, Taler, du mußt wandern" kann die Kinder noch zusätzlich anspornen:

„Kerzlein, Kerzlein, sollst nicht brennen,
liebe Kinder, müßt schnell rennen.
Sonst geht euch die Kerze aus,
und ihr schafft es nicht nach Haus."

Nach jedem Durchgang wechseln die Kinder sich mit dem Durchlaufen ab.
Wer schafft es, mit einer brennenden Kerze im Ziel anzukommen?

• Bastelspiel
„Salzteigsterne"

Wir brauchen:

- 2 Tassen Mehl
- 1 Tasse Salz
- Tasse Wasser
- 1 EL Öl
- gelbe Lebensmittel zum Einfärben
- gelben Faden

Diese Zutaten verkneten wir zu einem geschmeidigen Teig. Gut ist es, wenn der Teig noch eine Nacht im Kühlschrank ruhen kann, bevor er noch einmal gut durchgeknetet wird.
Der Teig wird ca. 2 cm dick ausgerollt. Dann können wir die Stern- und Mondförmchen in den Teig drücken und ausstechen. Mit einer stumpfen Stricknadel stechen wir jeweils in eine Sternspitze ein kleines Loch.
Alle Teigstücke lassen wir nun ungefähr zwei Wochen an der Luft trocknen, bis der Teig durch und durch trocken ist.
Falls uns die Farbe nicht intensiv genug erscheint, tragen wir noch eine Schicht gelber Plakafarbe auf.
Nun ziehen wir einen gelben Faden durch die Spitzen und hängen die Sterne auf einem langen Zweig bzw. Stock auf.

• Rätsel

Wenn ich aus dem Fenster schaue,
seh' ich einen großen Garten
voll von schönen goldenen Blumen.
Doch sie blühen nur bei Nacht.

(Der Himmel voller Sterne)

Du jagst mich und ich jage dich.
Du kriegst mich nicht, ich krieg' dich nicht.
Unmöglich kann es geschehen,
daß wir Geschwister uns sehn!

(Tag und Nacht)

Rate mal: Mein Angesicht
ist geschmückt mit fremdem Licht.
Schmückt mich nicht das fremde Licht,
siehst du nicht mein Angesicht.

(Der Mond, der sein Licht von der Sonne empfängt)

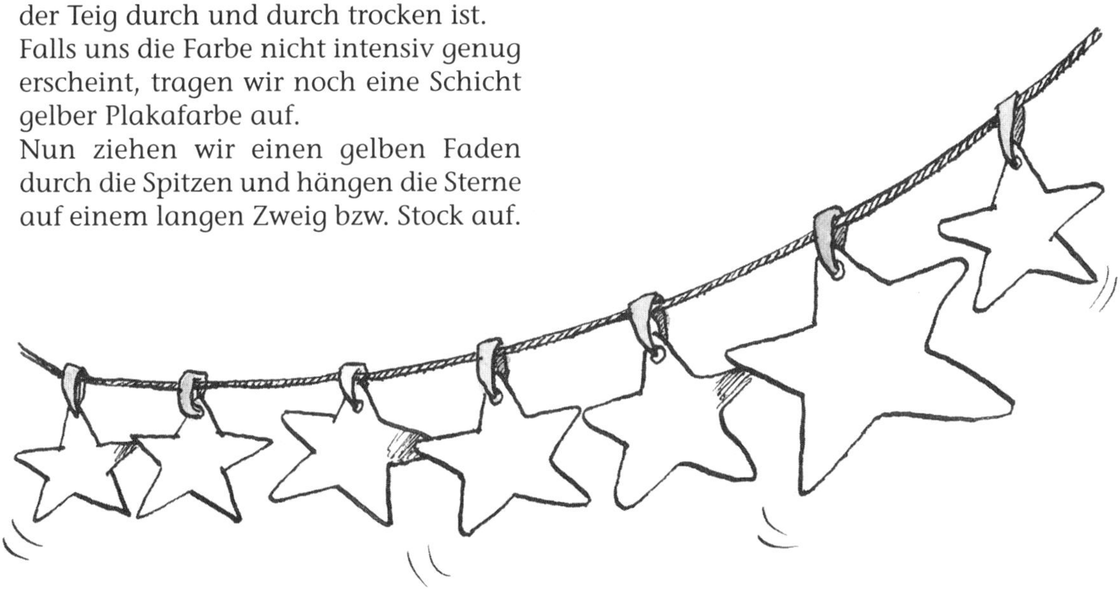

Abendlied

Text: Lore Kleikamp / Musik: Detlev Jöcker

2. Tief unter ihm, das stille Land,
es ruht vom Tag sich aus.
Es schläft die Wiese, schläft der Wald,
es schlafen Feld und Haus.

3. Auch ich bin müd' vom langen Tag.
Bald schlaf' ich tief und fest.
Ich kuschel mich ins weiche Bett,
wie's Vogelkind ins Nest.

4. Dich, lieber Gott, ruf' ich nun an.
Von Herzen bitte ich:
Nimm du die Welt in deine Hand,
den Mond, das Land und mich.

IHR HABT DIE WELT NUR VON UNS KINDERN GEBORGT.

• Spiele zum Einschlafen

Das Kind liegt im Bett und will noch nicht einschlafen.
Vielleicht läßt es sich durch ein kleines Bewegungsspiel überzeugen.

„In den Schlaf pusten“

Schließ die Äuglein zu, mein Kind, 1
draußen weht ein frecher Wind. 2
Will das Kind nicht schlafen ein, 3
bläst er in das Bett hinein. 4
Bläst uns alle Federn raus, 5
Federn fliegen um das Haus. 6
Schließ die Äuglein zu
und geh nun zur Ruh'. 7

1 Wir streichen dem Kind über die Augen und schließen sie ihm.
2 Mit dem Mund pusten wir sanft über das Gesicht des Kindes.
3 Wir drohen lächelnd mit dem Finger.
4 Die Bettdecke wird etwas hochgehoben, und wir pusten kräftig unter die Decke.
5 Starke Windgeräusche werden imitiert.
6 Wir schütteln die Bettdecke hin und her.
7 Das Kind muß die Augen geschlossen halten und muß mucksmäuschenstill bleiben.

„Vöglein im Walde“

Schlaf, Kindlein, balde. 1
Vöglein fliegen im Walde.
Sie fliegen den Wald wohl auf und
nieder 2
und bringen dem Kind den Schlaf 3
bald wieder. 4
Schlaf, Kindlein, balde. 5

1 Kind im Schlaf sanft hin und her schaukeln.
2 Die Arme auf und nieder bewegen.
3 Vor dem Bett die Arme wie Flügel kreisen lassen.
4 Mit kreisenden Armbewegungen ganz dicht an das Kind herankommen.
5 Dem Kind sanft die Augen schließen.

• Rätsel

Hat vier Beine und viele Federn,
ist keine Gans, auch kein Schaf.
Hinein schlüpfst du täglich,
es trägt dich, deckt dich,
wärmt dich im Schlaf.

(Das Bett)

Kommt die Dämmerung übers Land,
werden Lichtlein angebrannt.
Du kannst sie am Himmel sehn.
Leuchten sie nicht gar zu schön?
Schaust am Morgen du nach dort -
husch -
sind alle Lichtlein fort.

(Die Sterne)

Menschenkinder

Weitere Tonträger und Bücher mit neuen Kinderliedern von Detlev Jöcker

Zur Geburt

Kinderträumeland

Babys erste Musik zum Spielen, Einschlafen und Träumen.
Sanfte Instrumentalmusik alter und neuer Schlaf- und Wiegenlieder und ein Büchlein mit praktischen Tips für den Umgang mit der Musik. Eine originelle Geschenkidee zur Geburt.

Ab 0

CD mit integriertem 16seitigem Heft
ISBN 3-927497-70-3
MusiCassette und Büchlein in einem bunten Geschenkkarton ISBN 3-9801811-9-7

Für die Kleinsten und Kindergartenkinder

Si-Sa-Singemaus

14 neue Kinderlieder zum Krabbeln, Laufenlernen, Spielen und Gernhaben für die Kleinsten und Kindergartenkinder.

Von 1 bis 7

CD ISBN 3-927497-62-2
MusiCassette ISBN 3-927497-61-4
Buch, 96 Seiten, farbig, mit Liedern, Versen, Spielen, Bastelvorschlägen und liebevollen Illustrationen, Pappband, Format 17,4 x 22 cm ISBN 3-927497-60-6

Lern-, Spiel- und Spaßlieder

1, 2, 3 im Sauseschritt

Lustige und lehrreiche Muntermacher auf einer der beliebtesten und erfolgreichsten Kinderliederproduktionen dieser Zeit.

Ab 2

CD ISBN 3-927497-62-2
MusiCassette ISBN 3-927497-11-8
Liedspielbuch mit Liedern, Spielen, Tips für die Singpraxis und für die einfache Instrumentalbegleitung ISBN 3-927497-60-6

Zur Einschulung

Mile male mule, ich gehe in die Schule

14 spaßige und motivierende Lieder für einen geglückten Start durch die erste Schulzeit.

Ab 5

CD ISBN 3-927497-69-x
MusiCassette ISBN 3-927497-46-0
Liedspielbuch, 64 Seiten, mit Liedern, Spielvorschlägen, praktischen Tips und Lernhilfen für die Schule und zu Hause ISBN 3-927497-48-7

Menschenkinder Verlag, An der Kleimannbrücke 97, 48157 Münster Telefon 0251-9325230, Telefax 0251-9325290

...das Liederprogramm durch ein ganzes Kinderleben!

Rund um die Gesundheit

Denkt euch nur, der Frosch war krank

14 Aktions- und Spiellieder rund um die Gesundheit. Themen: Zahn- und Körperpflege, Umwelt, Sport, Spiel, Sicherheit im Alltag u.v.a.

Ab 3

CD ISBN 3-927497-65-7
MusiCassette ISBN 3-927497-40-1
Buch, 64 Seiten, mit Liedern, Versen, Spielen und einem „Ärztlichen Ratgeber" ISBN 3-927497-39-8

Jahreszeiten

Lieber Herbst und lieber Winter

14 neue Herbst-, Spiel-, Weihnachts- und Winterlieder, die auch bei schlechtem Wetter garantiert keine Langeweile aufkommen lassen.

Von 3 bis 8

CD ISBN 3-927497-79-7
MusiCassette ISBN 3-927497-78-9
Buch, 96 Seiten, mit Liedern, Spielen, Geschichten, Versen u.v.m. ISBN 3-927497-77-0

Weihnachten

Kleine Kerze leuchte

Für jeden Tag der Advents- und Weihnachtszeit gibt es in dem Buch tolle Anregungen zum Singen, Spielen, Lesen, Rätseln und Basteln.

Von 3 bis 10

CD ISBN 3-927497-59-2
MusiCassette mit den Liedern ISBN 3-927497-58-4
Buch 128 Seiten ISBN 3-927497-57-6

Religion

Wir kleinen Menschenkinder

14 neue, religiöse Kinderlieder, Geschichten, Verse und Gebete und Tips für Krabbel- und Kindergottesdienst, Schule und Familie

Von 2 bis 10

CD ISBN 3-927497-87-8
MusiCassette ISBN 3-927497-75-4
Buch, 128 Seiten, Pappband, gebunden ISBN 3-927497-76-2

Menschenkinder Verlag, An der Kleimannbrücke 97, 48157 Münster Telefon 0251-9325230, Telefax 0251-9325290